Fakultätsvorträge
der Philologisch-Kulturwissenschaftlichen Fakultät
der Universität Wien

Fakultätsvorträge

der Philologisch-
Kulturwissenschaftlichen Fakultät
der Universität Wien

12

herausgegeben von

Matthias Meyer,
Franz Römer
und
Susanne Weigelin-Schwiedrzik

Jens-Uwe Hartmann

Literatur ohne Schrift?

Der Sonderfall Indien und die Rolle des Buddhismus

Vienna University Press
V&R unipress

Informationen über die Philologisch-Kulturwissenschaftliche Fakultät:
http://phil-kult.univie.ac.at/

Kontaktadressen der Institute der Philologisch-Kulturwissenschaftlichen Fakultät:
http://phil-kult.univie.ac.at/institute/

Anfragen und Kontakt:
info.pkwfak@univie.ac.at

Redaktion:
Sonja Martina Schreiner

Bibliografische Information der Deutschen Nationalbibliothek
Die Deutsche Nationalbibliothek verzeichnet diese Publikation in der Deutschen Nationalbibliografie; detaillierte bibliografische Daten sind im Internet über http://dnb.d-nb.de abrufbar.
ISBN 978-3-8471-0535-0

Veröffentlichungen der Vienna University Press erscheinen bei V&R unipress GmbH.

Printed in Germany.
Druck und Bindung: Memminger MedienCentrum, Fraunhoferstraße 19, 87700 Memmingen

Gedruckt auf alterungsbeständigem Papier

Literatur ohne Schrift? Der Sonderfall Indien und die Rolle des Buddhismus*

Betrachtet man die Literatur des Alten Indien,[1] dann ist man zunächst einmal überwältigt von ihrem schieren Umfang. Neben dem *Mahābhārata*, der „Großen Erzählung vom Geschlecht der Bharatas", dem mit rund 100.000 Strophen längsten Epos der Weltliteratur, steht eine fast unglaubliche Fülle von anderen Werken religiösen, wissenschaftlichen, erzählenden oder poetischen Inhalts, und viele davon weisen ebenfalls einen beträchtlichen Umfang auf. Betrachtet man diese Literatur näher, wird man überraschend viel Vertrautes entdecken, sowohl hinsichtlich der Formen als auch der Inhalte. Seit dem Ende des 18. Jhs. sind klassische indische Werke durch Übersetzungen im Westen zugänglich geworden, wobei sie ebenso bejahende wie abwehrende Reaktionen bei den westlichen Rezipienten auslösten. Fast sprichwörtlich ist beispielsweise die Begeisterung, die Johann Wolfgang von Goethe bei der Lektüre eines indischen Schauspiels erfasste[2] und die

* *Danksagung*: Meinen beiden Mitarbeiterinnen, Dr. Gudrun Melzer und Dr. des. Andrea Schlosser, möchte ich sehr herzlich dafür danken, dass sie den größten Teil der Abbildungen beschafft und für den vorliegenden Zweck bearbeitet haben.

1 Unter dem „Alten Indien" wird hier der Zeitraum von ca. 1500 v. Chr. bis zum Ende des 1. nachchristlichen Jahrtausends verstanden.

2 Nämlich im Juli 1791, als er das nur wenige Monate vorher aus dem Englischen weiter ins Deutsche übersetzte *Abhijñānaśakuntalam* las, „(das Schauspiel von) Śakuntalā und dem Erkennungszeichen"; ähnlich dazu Friedrich Schiller (s. Jens-Uwe Hartmann: „Himmel und Erde mit Einem Namen begreifen". Das indische Drama Shakuntala, in: *Große Texte alter Kulturen* (ed. Martin Hose), Darmstadt: WBG 2004, 112.

ihn zu zwei – mindestens unter Indologen – hochberühmten Distichen inspirierte.[3]

Indisches war freilich schon lange vor Beginn der Übersetzungstätigkeit in die europäische Literatur eingedrungen, obwohl in seiner Herkunft damals gewiss nicht erkannt. Erst als die orientbezogenen Philologien aufblühten, entdeckte man auf einmal Wanderwege von Geschichten und Motiven und konnte die Zwischenschritte verfolgen, die jene Geschichten durch verschiedene Literaturen genommen hatten, von Indien etwa über Persien bis in die Märchen der Gebrüder Grimm. Um die Mitte des 19. Jhs. verdichteten sich diese faszinierenden Beobachtungen in der „Indischen Theorie",[4] also in der Vorstellung, dass alle bekannten Märchen- und Fabelmotive letztlich aus Indien stammten. Diese Vorstellung hat sich natürlich nicht aufrecht halten lassen, aber ihr Begründer, der Indologe Theodor Benfey, ist damit zum Vater der vergleichenden Märchenforschung geworden.[5] Geblieben ist jedenfalls die Entdeckung komplexer Kulturkontakte und die Erkenntnis,

---

3 „Will ich die Blumen des frühen, die Früchte des späteren Jahres,
Will ich was reizt und entzückt, will ich was sättigt und nährt,
Will ich den Himmel, die Erde mit Einem Namen begreifen,
Nenn ich Sakontala dich und so ist alles gesagt." (ibid., 112)
Später zeigte er sich durchaus reservierter, was Indisches betraf (s. etwa Veena Kade-Luthra: *Sehnsucht nach Indien. Literarische Annäherungen von Goethe bis Günter Grass*, München: C.H. Beck, 2006, 16ff. und 82-84.

4 Martin Pfeiffer: Indische Theorie, in: *Enzyklopädie des Märchens. Handwörterbuch zur historischen und vergleichenden Erzählforschung* 7 (ed. Rolf Wilhelm Brednich et alii), Berlin-New York: de Gruyter 1993, 151-157.

5 Zu Benfey s. zuletzt Maximilian Mehner: *Märchenhaftes Indien. Theodor Benfey, die Indische Theorie und ihre Rezeption in der Märchenforschung*, München: Kirchheim 2012 (Indologica Marpurgensia, 3).

dass die europäischen Kulturen mehr indisches literarisches Erbe in sich tragen, als sie auf den ersten Blick verraten. Exemplarisch ist hier die Entdeckung, dass zwei zunächst recht unverdächtig klingende Heilige, nämlich Baarlam und Josaphat, in der Tat aus Indien stammen, dass sie ferner auf dem Weg in den Westen eine Art Persönlichkeitsspaltung erlebt haben und dass sie letztlich auf keinen anderen als den Buddha zurückgehen. Es lässt sich nämlich zeigen, dass die christliche Heiligenlegende aus der Legende vom Leben des Buddha entstanden ist und dass sich in den beiden vermeintlich christlichen Eigennamen zwei ganz geläufige Beinamen des Buddha verbergen, nämlich Bhagavān, „der Erhabene", und Bodhisattva, „der auf dem Weg zum Erwachen befindliche (zukünftige Buddha)".[6]

Seit Goethes Tagen hat sich die Zahl der in Übersetzung vorliegenden Werke aus dem Alten Indien dramatisch vermehrt. Manches davon hat einen Bekanntheitsgrad erreicht, der weit über den engen Kreis der unmittelbar mit Indien befassten Leser hinausgeht. Das gilt etwa für das *Arthaśāstra*, das altindische „Staatslehrbuch",[7] das in seinem nachdrücklichen Pragmatismus

6 Obgleich den beiden Heiligen in den verschiedenen christlichen Kirchen ein eigener Feiertag gewidmet ist, spielen sie im Kult zwar keine rechte Rolle mehr, aber dafür erfreuen sie sich in der Wissenschaft umso größerer Aufmerksamkeit, zuletzt Constanza Cordoni: *Barlaam und Josaphat in der europäischen Literatur des Mittelalters*, Berlin: de Gruyter 2014; Constanza Cordoni & Matthias Meyer (eds.): *Barlaam und Josaphat. Neue Perspektiven auf ein europäisches Phänomen*, Berlin: de Gruyter 2015; und aus ind(olog)ischer Perspektive Donald S. Lopez Jr. & Peggy McCracken: *In Search of the Christian Buddha: How an Asian Sage Became a Medieval Saint*, New York u.a.: Norton & Co. 2014.

7 Patrick Olivelle: *King, Governance, and Law in Ancient India: Kauṭilya's Arthaśāstra, A New Annotated Translation*, New York: Oxford University Press 2013.

gern mit Machiavellis *Principe* verglichen wird. Mindestens ein Werk, ebenfalls aus der Kategorie der Lehrbücher, hat eine ganz eigene Wirkungsgeschichte entfaltet. Das bekannte *Kāmasūtra*, das altindische „Lehrbuch der Erotik",[8] ist eigentlich ein relativ trockenes, kulturgeschichtlich aber ungemein wichtiges und aufschlussreiches Werk. Seine Rezeption im Westen hat, gewöhnlich in Verbindung mit einschlägigen Darstellungen an bestimmten indischen Tempeln, eine bemerkenswerte Eigendynamik entwickelt, die mit dem Original oft nur noch durch die Sache selbst verbunden ist. Jedenfalls gehört es zu den ganz wenigen altindischen Werken, deren Titel auch dem Durchschnittseuropäer zumeist flüssig von den Lippen gehen. Letzteres gilt vielleicht ebenfalls noch für die *Bhagavadgītā*, den „Gesang des Erhabenen", ein bis heute zentrales Werk des Hinduismus.[9] Ursprünglich enthalten im sechsten Buch des oben bereits erwähnten *Mahābhārata*, stellt es den bei weitem am häufigsten übersetzten Text des Alten Indien dar. Überhaupt hat sich das Interesse heutzutage wesentlich auf die religiöse Literatur des klassischen Indien verla-

---

8 *Mallanāga Vātsyāyana: Das Kāmasūtra* (übers. Klaus Mylius), Stuttgart: Reclam 1999; generell zu den einschlägigen Lehrbüchern immer noch Richard Schmidt: *Beiträge zur indischen Erotik. Das Liebesleben des Sanskritvolkes*, Berlin: Hermann Barsdorf ³1922.

9 Die *Bhagavadagītā* ist das erste direkt aus dem Sanskrit ins Englische übersetzte Werk, und zwar von Charles Wilkins 1784 in Calcutta; Michael von Brück: *Bhagavad Gītā. Der Gesang des Erhabenen*, Frankfurt-Leipzig: Verlag der Weltreligionen 2007; dazu der Rezensionsartikel von Henk W. Bodewitz: On the Interpretation of Bhagavad Gītā I-VI, *Zeitschrift der Deutschen Morgenländischen Gesellschaft* 159 (2009), 333-361; ferner Angelika Malinar: *The Bhagavadgītā. Doctrines and Contexts*, Cambridge: Cambridge University Press 2007; Richard H. Davis: *The Bhagavad Gita. A Biography*, Princeton-Oxford: Princeton University Press 2015.

gert, und hier ganz besonders auf die des Buddhismus; selbst im digitalen Zeitalter ist es kaum mehr möglich, mit der ständig wachsenden Flut von Studien und Übersetzungen Schritt zu halten.[10]

Ein gewisser Eindruck von Inhalt, Umfang, Alter und Vielfalt der klassischen indischen Literatur ist also in den letzten zweihundert Jahren in den Westen vermittelt worden. Gewöhnlich bleibt dabei aber eine Besonderheit unerwähnt, die sie offenbar von den uns vertrauteren klassischen Literaturen unterscheidet und die ihr eine ganz eigene Stellung in der Kulturgeschichte der Menschheit zuweist. Die Rede ist von der Schriftlichkeit. Seit wann gibt es Schrift in Indien? Diese Frage beschäftigt die Indologie praktisch von Anbeginn, und obschon sich in den letzten Jahren eine *communis opinio* dazu herausgebildet hat, wird sie bis heute kontrovers diskutiert. Sie erlaubt, im folgenden einen Bogen zu spannen vom Beginn der literarischen Überlieferung über ein besonders eigenwilliges – um nicht zu sagen faszinierendes – Beispiel bis hin zu den frühesten schriftlichen Zeugnissen von Literatur. Dies sind Handschriften buddhistischen Inhalts, die man innerhalb der letzten zwanzig Jahre in Pakistan und Afghanistan gefunden hat. Das Sensationelle dieser Manuskriptfunde erschließt sich viel besser, wenn man sie unter der Frage nach dem Beginn der Schrift und vor dem Hintergrund der gesamten literarischen Überlieferung des Alten Indien betrachtet.

---

10 Gedruckte Bibliographien selbst von Teilbereichen – etwa Peter Pfandt: *Mahāyāna Texts translated into Western Languages*, Bonn: Religionswissenschaftliches Seminar 1986 – waren in kurzer Zeit veraltet, und es gibt derzeit noch keine umfassende Datenbank, nur verstreute Einzelbemühungen.

Dazu sollen nach einer kurzen Betrachtung der Schrift exemplarisch zwei nichtbuddhistische Werke vorgestellt und dann die Bedeutung der Handschriftenfunde besprochen werden. Die Betrachtung wird von der Literatur als etwas Immateriellem zu ihrem materiellen Aspekt führen, d.h. zu den materiellen Trägern von Literatur, den Handschriften, und sie wird sich dabei auf einer Zeitschiene zwischen etwa 1500 v. Chr. und ungefähr der Zeitenwende bzw. den ersten ein oder zwei Jahrhunderten n. Chr. bewegen. Schließlich ist noch hinzuzufügen, dass hier, wie in der Indologie üblich, ein ganz allgemeiner Literaturbegriff verwendet wird, der Texte und Genres aller Art umfasst, darunter auch Werke „wissenschaftlichen" Inhalts.[11]

Am Übergang vom Immateriellen zum materiell Greifbaren, also an der Schnittstelle zwischen mündlicher und schriftlicher Überlieferung von Literatur, nimmt das Alte Indien offenbar eine Sonderstellung unter den Weltkulturen ein. Man geht heute im Allgemeinen davon aus, dass die Entstehung und dann natürlich auch die Überlieferung komplexerer literarischer Formen und Inhalte eng mit Schriftlichkeit zusammenhängen. Wenigstens ein Teil der Gelehrten ist der Meinung, um ein bekanntes und vieldiskutiertes Beispiel zu zitieren, dass Dichtungen wie die *Ilias* und die *Odyssee* ohne Schrift kaum vorstellbar sind.[12] Blickt man nach

---

11 Wie gleich zu sehen sein wird, ist der Begriff hier schon deshalb problematisch, weil er mindestens in engerem Sinne mit schriftlichen Zeugnissen verbunden wird; in der Literatur steckt der Buchstabe, nicht der Laut.

12 S. dazu etwa die Kontroverse zwischen Martin L. West, einem Vertreter der Schriftlichkeit, und Gregory Nagy; sie ist zusammengefasst in der Rezension von Andrew Ford zu Wests *The Making of the Iliad: Disquisition and Analytical Commentary*, Oxford-New York: Oxford

Indien, dann zeigt sich aber, dass eine solche These nicht generalisiert werden kann, dass sie offenbar keineswegs für alle Kulturen gilt.

In Indien datieren die ältesten Schriftzeugnisse aus der Mitte des 3. vorchristlichen Jhs.; dabei handelt es sich um Herrscherinschriften auf Stein, und die gesamte Indizienlage deutet darauf hin, dass die Schrift erst zu diesem Zeitpunkt oder zumindest nicht wesentlich früher geschaffen worden ist.[13] Schrift als solche war bereits länger bekannt; der Alexanderzug 327/326 v. Chr. hatte griechische Kultur bis in die Nordwestecke des indischen Subkontinents gebracht, darunter nachweislich auch die griechische Schrift, und schon vorher müssen die Kontakte mit dem Achämenidenreich zur Bekanntschaft mit der aramäischen Schrift geführt haben. Letztere diente auch als Vorlage für die sogenannte Kharoṣṭhī, eine der beiden einheimischen Schriften, die zu jener Zeit geschaffen wurden. Wie das Aramäische schrieb man die Kharoṣṭhī von rechts nach links. Sie wurde mehrere Jahrhunderte lang in der Region verwendet, die heute

---

University Press 2011, Bryn Mawr Classical Review 2012.08.09 (http://bmcr.brynmawr.edu/2012/2012-08-09.html).

13 Oskar von Hinüber: *Der Beginn der Schrift und frühe Schriftlichkeit in Indien*, Mainz: Akademie der Wissenschaften und der Literatur 1989 (Abhandlungen der geistes- und sozialwiss. Klasse 1989, Nr. 11); Harry Falk: *Schrift im alten Indien. Ein Forschungsbericht mit Anmerkungen*, Tübingen: Gunter Narr 1993; eine sehr übersichtliche Zusammenfassung der wesentlichen Punkte von Falks Buch findet sich in der Rezension von Walter Slaje, *Wiener Zeitschrift für die Kunde Südasiens* 42 (1998), 198f.; s. ferner den ausführlichen Rezensionsartikel von Richard Salomon: On the Origin of the Early Indian Scripts, *Journal of the American Oriental Society* 115 (1995), 271-279, der sich vor allem mit den beiden Untersuchungen von Falk und von Hinüber beschäftigt, aber auch zwei einschlägige Aufsätze von Gérard Fussman und Kenneth Roy Norman einbezieht.

Afghanistan, Pakistan und Nordwestindien umfasst, aber im 3. Jh. n. Chr. kam sie allmählich außer Gebrauch, geriet vollständig in Vergessenheit und musste im 19. Jh. von westlichen Gelehrten mühsam wieder entziffert werden.[14] Deutlich mehr Erfolg war der Brāhmī beschieden, der zweiten indischen Schrift. Sie lässt erstaunlicherweise keine eindeutige Vorlage erkennen, obwohl ihr Zeicheninventar von der aller Wahrscheinlichkeit nach älteren Kharoṣṭhī, aber auch von der aramäischen und sogar von der griechischen Schrift beeinflusst ist.[15] Wie die Kharoṣṭhī gehört sie zum Typus der alphasyllabarischen Schriften,[16] wird aber im Gegensatz zu ihr von links nach rechts geschrieben. Sie setzte sich durch, und sie wurde gewissermaßen zur Matrix für alle indigenen indischen Schriften bis in die Gegenwart.[17]

Ende des 4. Jhs. schickte der Seleukiden-Herrscher Seleukos Nikator einen Gesandten nach Pāṭaliputra, die heutige Großstadt Patna am Ganges, um ihn dort am Hof des Herrschers Candragupta Maurya zu vertreten. Dieser Gesandte, Megasthenes, verfasste einen Bericht über

---

14 Richard Salomon: Brahmi and Kharoshthi, in: *The World's Writing Systems* (ed. Peter T. Daniels & William Bright), New York-Oxford: Oxford University Press 1996, 371-383.

15 Zusammenfassend dazu Salomon (wie Anm. 13), 278.

16 Richard Salomon: Typological Observations on the Indic Script Group and Its Relationship to Other Alphasyllabaries, *Studies in the Linguistic Sciences* 30 (2000), 87-103.

17 Darüber hinaus erwies sie sich im Gefolge der indischen Religionen als Exportschlager: Die singhalesische Schrift geht ebenso wie die tibetische auf die Brāhmī zurück, ferner alle Schriften in Birma, Laos, Kambodscha und Thailand. Schließlich diente die Brāhmī auch als Modell für die Verschriftlichung des Tocharischen und des Khotansakischen; beide Sprachen wurden im 1. Jt. im Tarim-Becken an der Seidenstraße gesprochen, und sie sind heute nur deswegen bekannt, weil sich Schriftzeugnisse erhalten haben, die ihre Wiedergewinnung ermöglichten.

Indien, von dem leider nur noch Auszüge erhalten sind. Dennoch ist er kulturgeschichtlich von höchster Bedeutung, denn es handelt sich um die erste und für viele Jahrhunderte einzige derartige Außensicht auf die Verhältnisse in Indien. In seiner Beschreibung des Rechtssystems hält Megasthenes fest, dass die Inder keine γράμματα kennen, sondern alles aus dem Gedächtnis entscheiden würden. Diese Feststellung hat Anlass zu lebhaften Kontroversen geboten, je nachdem, ob man hier unter *grámmata* Schrift im Allgemeinen versteht oder aber Schriften lediglich im Sinne von schriftlich fixierten Rechtstexten.[18]

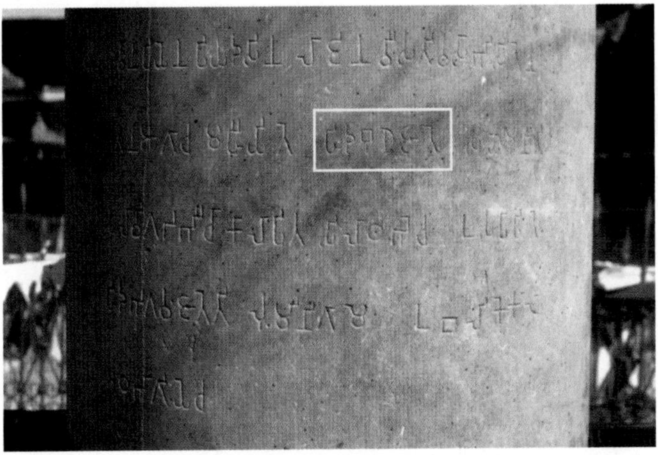

Abb. 1 Aśoka-Säule in Lumbini [Harry Falk: *Aśokan Sites and Artefacts*, Mainz 2006, 178, Fig. 5]

18 Hinüber (wie Anm. 13), 19-21; zuletzt sehr dezidiert gegen das Verständnis als Rechtstexte ders.: Rezension von Koluvail Vyasaraya Ramesh (ed.): *Dictionary of Social, Economic, and Administrative Terms in South Indian Inscriptions*, Vol. I (A-D), New Delhi 2012, *Indo-Iranian Journal* 57 (2014), 394-396, bes. 395 mit Anm. 2.

Die Inschriften stammen von Aśoka (ca. 268-232), dem bekanntesten Herrscher der Maurya-Dynastie, die ab dem Ende des 4. Jhs. das erste Großreich auf indischem Boden errichtete. Die Annahme liegt nahe, dass das Medium Schrift notwendig wurde, um die Verwaltung dieses Reichs organisieren zu können. Als offenbar einziger Herrscher der Maurya-Dynastie benutzte Aśoka die beiden Schriften Brāhmī und Kharoṣṭhī[19] für Mitteilungen an die Bevölkerung und für die Dokumentation von Ereignissen aus seinem Leben, wobei gewonnene Feldzüge und eroberte Gebiete überraschenderweise so gut wie gar nicht zur Sprache kommen. Auf einer Säule *(Abb. 1)*, die in Lumbini im heutigen Nepal steht, teilt Aśoka beispielsweise mit, er habe im zwanzigsten Jahr seiner Regierung eine Pilgerreise an den Geburtsort des Buddha unternommen, und er hält fest: *hida budhe jāte*, „hier ist der Buddha geboren".[20] Die Inschriften sind über das ganze Reichsgebiet verteilt, und sie zeichnen sich dadurch aus, dass sie nicht nur in drei Sprachen (Mittelindisch mit diversen dialektalen Varianten, Griechisch und Aramäisch), sondern vor allem auch in vier Schriften geschrieben sind, nämlich in Brāhmī, Kharoṣṭhī, Griechisch und Aramäisch. Geradezu

---

19 Letztere in Shāhbāzgarhī und Mānsehrā im Norden Pakistans, s. Harry Falk: *Aśokan Sites and Artefacts. A Sourcebook with Bibliography*, Mainz: Philipp von Zabern 2006 (Monographien zur indischen Archäologie, Kunst und Philologie, 18), 127-129 und 132-135.

20 Eugen Hultzsch: *Inscriptions of Asoka*. New Edition, Oxford: Clarendon Press 1925, 164f.; Falk (wie Anm. 19), 177-180; zum möglicherweise griechischen Vorbild der Säuleninschriften s. Oskar von Hinüber: Did Hellenistic Kings Send Letters to Aśoka?, *Journal of the American Oriental Society* 130 (2010), 261-266, bes. 265. Übrigens stellen Aśokas Inschriften den ältesten Beleg für die Existenz des Buddhismus dar. Gleichzeitig zeigt die Lumbini-Inschrift, dass man zu dieser Zeit bereits eine konkrete Vorstellung vom Geburtsort des Buddha hatte und dass dieser Ort mit Pilgertum verbunden war.

schlagartig wird also nicht nur ein erster Annäherungsversuch an Schrift, sondern die Vertrautheit mit mehreren Systemen sichtbar.

Schrift erst im 3. Jh. v. Chr. – dies erscheint aus komparativer Perspektive erstaunlich spät, wenn man die anderen Hochkulturen der Alten Welt zum Vergleich heranzieht, vom Nahen Osten, Ägypten und Griechenland bis nach China. Das wird aber noch viel erstaunlicher, wenn man dann sieht, dass lange vor der Einführung der Schrift bereits eine umfangreiche Literatur entstanden war, noch dazu eine Literatur, die alle Kriterien jener Komplexität erfüllt, bei der man gemeinhin Schriftlichkeit als unabdingbar voraussetzen möchte. Schon am Beginn der literarischen Überlieferung steht ein hochkomplexer Text. Das nach heutigen Vorstellungen älteste indische Werk ist der *Ṛgveda*, „Das aus Strophen bestehende (heilige) Wissen", der wohl zwischen 1500 und 1000 v. Chr. entstanden ist.[21] Er besteht aus einer Sammlung von Liedern, überwiegend Hymnen an die diversen Götter des altindischen Pantheons, und er enthält die nicht gerade geringe Zahl von 1028 solcher Hymnen, wobei deren Länge zwischen einer und 58 Strophen schwankt. Zusammen addieren sie sich auf rund 10.600 Strophen, und das ist alles andere als ein kurzes Werk. Wenn die Annahme von der Einführung der Schrift erst im 3. Jh. v. Chr. zutrifft, dann muss diese Sammlung bis dahin mindestens 1000 Jahre lang mündlich

21 Eine ausgezeichnete Einführung bieten Michael Witzel & Toshifumi Gotō: *Rig-Veda. Das Heilige Wissen, Erster und zweiter Liederkreis*, aus dem vedischen Sanskrit übers. u. hg., Frankfurt-Leipzig: Verlag der Weltreligionen 2007; *Dritter bis fünfter Liederkreis*, Berlin: Verlag der Weltreligionen 2013; es ist sehr zu hoffen, dass die Bearbeitung aller zehn Liederkreise gelingen wird.

überliefert worden sein.[22] Ist das überhaupt vorstellbar? Damit aber nicht genug: Fast noch erstaunlicher ist dabei, dass der Sprachstand des 12. vorchristlichen Jhs. aus religiösen Gründen sozusagen eingefroren werden musste, denn die Götterhymnen erfüllten eine wichtige Funktion im religiösen Ritual, und dabei war der korrekte Wortlaut von zentraler Bedeutung. Rituale schufen eine Verbindung zwischen Mikro- und Makrokosmos; die beabsichtigte Wirkung konnte sich aber nur einstellen, wenn sie fehlerfrei durchgeführt wurden, und dazu zählte die fehlerfreie Rezitation der jeweiligen Texte. Aus wortmagischen Gründen war der korrekte Vortrag einer Hymne wichtiger als das Verständnis ihres Inhalts. Den Wortlaut zu bewahren und unverändert weiterzugeben, war daher unabdingbar, obwohl die gesprochene Sprache einem ständigen Veränderungsprozess unterlag und sich dadurch immer mehr von der Sprache der Hymnen entfernte.

Nun gehört Indien zu denjenigen Ländern, die in den letzten 3500 Jahren trotz mannigfacher Perioden von Fremdherrschaft und, ab dem Beginn des zweiten nachchristlichen Jahrtausends, der starken Prägung durch persisch-islamische Herrscher keinen völligen kulturellen Umbruch erfahren mussten. Der *Ṛgveda* spielt immer noch eine gewisse Rolle, und daher haben auch die spezifischen Mnemotechniken, die in Indien in, wie es scheint, einzig-

---

22 Wann die erste Niederschrift erfolgte, ist unbekannt, und es könnte durchaus sein, dass sie erst in der zweiten Hälfte des 1. Jts. n. Chr. geschah, vgl. Jan Gonda: *Vedic Literature (Saṃhitās and Brāhmaṇas)*, Wiesbaden: Harrassowitz 1975 (A History of Indian Literature, 1.1), 18 mit Anm. 31.; Hinüber (wie Anm. 13), 63; s. aber auch die Überlegungen von Johannes Bronkhorst in seiner Rezension von Frits Staal: *The Fidelity of Oral Tradition and the Origins of Science*, Amsterdam-Oxford-New York 1986, *Indo-Iranian Journal* 32 (1989), 303-310, bes. 305f.

artiger Weise für die mündliche Überlieferung großer Textmengen entwickelt wurden, bis in die Gegenwart hinein überlebt. Man kann sich also durchaus ein Bild davon machen, wie dies in früheren Jahrhunderten geschehen sein dürfte. Mit dem Memorieren der Texte muss im Kindesalter begonnen werden, und sie müssen rein mechanisch erlernt werden; das Kind versteht zunächst also nicht, was es auswendig lernt. Eine solche Ausbildung dauert viele Jahre; ein Heidelberger Kollege hat gezeigt, dass sich ein vollständiges Studium des Veda über mehr als acht Jahre hinzieht, wobei jeden Tag zehn bis zwölf Stunden lang gelernt wird,[23] aus unserer jetzigen Perspektive gewiss nicht das, was man sich auf Anhieb unter einer glücklichen Kindheit vorstellen würde.

Die indische Literatur beginnt also mit einem umfangreichen Verswerk, das aber ganz anders als etwa ein Epos keinerlei Varianz im Vortrag erlaubt und das seine Benutzer daher vor ganz andere Herausforderungen hinsichtlich einer korrekten Bewahrung gestellt hat. Es bestehen aber keine Zweifel, dass eine solche korrekte Bewahrung offenbar über zahllose Generationen hinweg gelungen ist, obwohl das Werk nicht aufgeschrieben wurde. Schließlich lässt sich beobachten, dass neben der schriftlichen bis in die Gegenwart hinein eine mündliche Weitergabe bestanden hat, und es lässt sich daher auch beobachten, wie diese Weitergabe technisch bewerkstelligt worden ist. Es spricht also vieles dafür – und nichts dagegen –, eine solche Weitergabe für möglich zu halten. Gedächtniskraft genoss im Alten Indien eine außerordentliche Wertschätzung, während Buchwissen als minderwertig gesehen

23 Kota Parameswara Aithal zitiert in Falk (wie Anm. 13), 323; s. auch Hinüber (wie Anm. 13), 67-70.

wurde. *Pustakasthā tu yā vidyā parahastagataṃ dhanam*, so heißt es in einem Sanskrit-Vers, „in einem Buch befindliches Wissen ist wie Geld in der Hand eines anderen".[24] Diesem Zitat ließen sich beliebig weitere zur Seite stellen, die u.a. zeigen, dass Aufschreiben mit Textverderbnis gleichgesetzt wurde.[25]

Diese Haltung erscheint uns kontraintuitiv, denn wir sind gewohnt, in der Teilhabe an der Alphabetisierung schon vor der Neuzeit eine deutliche soziale Differenzmarkierung zu sehen. Lesefähigkeit verschafft Zugang, und nicht nur zu Büchern; Analphabetismus bedeutet in unserer Gesellschaft eine extreme Behinderung. Dass dies kein neuzeitliches Phänomen ist, beschreibt etwa Peter Sloterdijk:[26]

> Für die alte Welt, ja bis zum Vorabend des neuzeitlichen Nationalstaats bedeutete das Lesevermögen tatsächlich so etwas wie die Mitgliedschaft in einer geheimnisumwitterten Elite – grammatische Kenntnisse galten einst vielerorts als Inbegriff der Zauberei; tatsächlich wird schon im mittelalterlichen Englisch aus dem Wort *grammar* der *glamour* entwickelt: Wer lesen und schreiben kann, dem werden auch andere Unmöglichkeiten leichtfallen.

Nicht weniger pointiert spitzt er diese Beobachtungen einige Seiten später auf die Differenz-Setzung zu:

> Die Schriftkultur selbst hat bis zu der kürzlich durchgesetzten allgemeinen Alphabetisierung scharf selektive Wirkungen gezeitigt; sie hat ihre Wirtsgesellschaften tief zerklüftet und zwischen den literaten und

---

24 *Cāṇakya-nīti*, s. Richard Salomon: *Indian Epigraphy. A Guide to the Study of Inscriptions in Sanskrit, Prakrit, and the Other Indo-Aryan Languages*, New York-Oxford: Oxford University Press 1998, 7, Anm. 2.

25 S. Hinüber (wie Anm. 13), 10 mit Anm. 13.

26 *Regeln für den Menschenpark: Ein Antwortschreiben zu Heideggers Brief über den Humanismus*, Frankfurt am Main: edition suhrkamp 1999, 10.

> den illiteraten Menschen einen Graben aufgeworfen, dessen Unüberbrückbarkeit nahezu die Härte einer Spezies-Differenz erreichte.[27]

Dieser Erfahrungshintergrund prägt den westlichen Blick auf die unterschiedliche Bewertung von mündlicher und schriftlicher Überlieferung. Dennoch bewahrt auch unser kulturelles Erbe durchaus andere Perspektiven, wie ein Blick in Platons *Phaidros* zeigt. Dort wird der sogenannte Theuth-Mythos vorgeführt, und der wirkt geradezu indisch in seiner verblüffenden Umkehrung der gewohnten Perspektive. Sokrates spricht, die Situation spielt in Ägypten:[28]

> Ich habe also gehört, zu Naukratis in Ägypten sei einer von den dortigen alten Göttern gewesen, dem auch der Vogel, welcher Ibis heißt, geheiligt war, er selbst aber, der Gott, habe Theuth geheißen. Dieser habe zuerst Zahl und Rechnung erfunden, dann die Meßkunst und die Sternkunde, ferner das Brett- und Würfelspiel, und so auch die Buchstaben. Als König von ganz Ägypten habe damals Thamus geherrscht. [...] Zu dem sei Theuth gegangen, habe ihm seine Künste gewiesen und begehrt, sie möchten den anderen Ägyptern mitgeteilt werden. Jener fragte, was doch eine jede für Nutzen gewähre, und je nachdem ihm, was Theuth darüber vorbrachte, richtig oder unrichtig dünkte, tadelte er oder lobte. Vieles nun soll Thamus dem Theuth über jede Kunst dafür und dawider gesagt haben, was weitläufig wäre alles anzuführen. Als er aber an die Buchstaben gekommen, habe Theuth gesagt: „Diese Kunst, o König, wird die Ägypter weiser machen und gedächtnisreicher, denn als ein Mittel für den Verstand und das Gedächtnis ist sie erfunden." Jener aber habe erwidert: „O kunstreichster Theuth, einer versteht, was zu den Künsten gehört, ans

---

27 Ibid., 43f.

28 Zitiert in der geringfügig modernisierten Übersetzung von Friedrich Schleiermacher, s. Gunther Eigler (ed.): *Platon: Werke in acht Bänden*, griech. u. dt., Bd. 5, Darmstadt: WBG 1983, 175-177.

> Licht zu gebären; ein anderer zu beurteilen, wieviel Schaden und Vorteil sie denen bringen, die sie gebrauchen werden. So hast auch du jetzt als Vater der Buchstaben aus Liebe das Gegenteil dessen gesagt, was sie bewirken. Denn diese Erfindung wird der Lernenden Seelen vielmehr Vergessenheit einflößen aus Vernachlässigung des Gedächtnisses, weil sie im Vertrauen auf die Schrift sich nur von außen vermittels fremder Zeichen, nicht aber innerlich sich selbst und unmittelbar erinnern werden. Nicht also für das Gedächtnis, sondern nur für die Erinnerung hast du ein Mittel erfunden. Und von der Weisheit bringst du deinen Lehrlingen nur den Schein bei, nicht die Sache selbst. Denn indem sie nun vieles gehört haben ohne Unterricht, werden sie sich auch vielwissend zu sein dünken, obwohl sie doch unwissend größtenteils sind, und schwer zu behandeln, nachdem sie dünkelweise geworden sind statt weise.[29]

Trotz der gedanklichen Nähe besteht hier gewiss keine unmittelbare Verbindung zwischen Platon und den indischen Vorstellungen. Mit ihrer Reserviertheit gegenüber der Schrift stehen Platon und die alten Inder übrigens nicht völlig allein: Auf dem Weg zurück nach Südasien lohnt ein kurzer Umweg über Nordafrika. In seiner Studie zu Gelehrten und Staat in Marokko in den Jahren 1900-1931 schreibt Ralf Elger über die Zeit zu Beginn des letzten Jahrhunderts:

> Ein charakteristischer Zug der Schule von Fes war die überragende Bedeutung der Kultur des Gedächtnisses. Etwas abschätzig schreibt Berque, daß die Wertschätzung, die die *culamâ'* füreinander hatten,

29 Jochen Hörisch erkennt in dem Mythos ein von Platon entwickeltes Schema der Medienkritik, s. *Eine Geschichte der Medien. Vom Urknall zum Internet*, Frankfurt am Main: Suhrkamp 2004, 110-114.

> allein auf der Anzahl der Zitate beruhte, die ein Gelehrter aus dem Gedächtnis hersagen konnte.[30]

Elger geht den Gründen für diese Wertschätzung nach und zeigt, wie sehr die besonderen lokalen Umstände dazu beigetragen haben; er zeigt aber auch – und das ist hier wichtig –, dass Auswendiglernen jahrhundertelang ein zentrales Element islamischer Bildung war:

> As-Sibâcî stellt sich auch gegen das Drucken religiöser Texte, weil die Verwendung von Büchern das Gedächtnis schwäche.[31]

Das klingt geradezu platonisch, und es ist eindrucksvoll, wie in beiden Fällen der Zweifel an der Schrift – Schrift führt zum Vergessen, also ganz konträr zu unserer Erfahrung – mit der Hervorhebung des Gedächtnisses kontrastiert wird; treffender könnte man auch die Sichtweise der alten Inder kaum beschreiben. Mündlichkeit und Komplexität sind dabei kein Gegensatzpaar: War schon der *Ṛgveda* komplex, so wurde er von späteren Werken noch deutlich übertroffen.

Der absolute Höhepunkt an Komplexität und Abstraktion wurde in der grammatischen Literatur erreicht. Die Grammatik entstand als eine Art Hilfswissenschaft zum Veda; eine Beschreibung von Phonetik und Morphologie der vedischen Sprache war notwendig geworden, um den Zugang zu allen in dieser Sprachform verfassten Werken auf Dauer offen zu halten. Aufgrund des ständig zunehmenden Abstandes zur gesprochenen Sprache wären sie ohne Hilfsmittel sehr bald nicht mehr verständlich gewesen. Ein besonders wichtiges Werkzeug

30 Ralf Elger: *Zentralismus und Autonomie: Gelehrte und Staat in Marokko, 1900-1931*, Berlin: Schwarz 1994, 26.

31 Ibid., 27.

ist die sprachliche Analyse, und das war die Geburtsstunde der Grammatik im Alten Indien. Man begann sehr früh, Wörter zu analysieren, Formen zu bestimmen und die Bildungsregeln für die einzelnen Formen zu beschreiben. Dazu musste man zunächst einmal das Lautinventar der Sprache erfassen, um beispielsweise solche Ablautregeln wie *Wand : Wände, Haus : Häuser* beschreiben zu können. Am Anfang der Grammatik steht daher das Alphabet, und zwar in einer bemerkenswert durchdachten Reihenfolge. Es beginnt mit den Vokalen, und die sind bereits nach einer phonetischen Logik aufgelistet. Daran schließen sich die in Klassen angeordneten Konsonanten an, wobei diese Klassen nach ihrem Artikulationsort gereiht werden, beginnend mit den Kehllauten; dann folgen die Palatale, die Retroflexe, die Dentale und die Labiale. Am Ende stehen die Halbvokale, die Zischlaute und ein Hauchlaut. In den ersten fünf Klassen wird ferner nach Tenuis und Media sowie nach unaspiriert und aspiriert unterschieden; sie schließen jeweils mit dem Klassennasal.[32]

13 Vokale

a ā i ī u ū ṛ ṝ ḷ e o au ai

33 Konsonanten

k	kh	g	gh	ṇ	Gutturale
c	ch	j	jh	ñ	Palatale
ṭ	ṭh	ḍ	ḍh	ṇ	Retroflexe

32 S. etwa Albrecht Weber: Das Vâjasaneyi-Prâtiçâkhyam (Schluss), *Indische Studien. Beiträge für die Kunde des indischen Alterthums* 4 (1858), 323-325; Max Müller: *Rig-Veda-Pratisakhya, das älteste Lehrbuch der vedischen Phonetik*, Leipzig: Brockhaus 1869, X.

t	th	d	dh	n	Dentale
p	ph	b	bh	m	Labiale
y	r	l	v		Halbvokale
ś	ṣ	s	h		Zischlaute und h

Auf Einzelheiten soll hier nicht weiter eingegangen werden; es geht nur darum, eine allgemeine Vorstellung von der zugrundeliegenden Systematik zu geben und dabei ins Bewusstsein zu rufen, dass bereits die Anordnung eine enorme Erkenntnis- und Abstraktionsleistung voraussetzt – und dies zu einem Zeitpunkt, wo man, soweit wir wissen, nichts davon aufschreiben konnte. Man arbeitete nicht mit Buchstaben, wie in der obigen Tabelle, sondern mit Lauten; diesen Umstand darf man dabei nicht aus den Augen verlieren. Die Abstraktion geht aber noch deutlich weiter. Um die sehr formenreiche Sprache – das Sanskrit ist eine indoeuropäische Sprache und steht dem Formenreichtum des Altgriechischen in nichts nach – möglichst knapp und präzise beschreiben zu können, erfand man eine Metasprache, d.h. Formeln, mit denen sich Kategorien beschreiben und zusammenfassen lassen. Wenn nämlich eine Grammatik nicht in Gestalt eines Buches griffbereit im Regal steht, sondern als ein auswendig erlernter Text nur im Kopf verfügbar ist, dann erweisen sich Kürze und Präzision als eminent hilfreich. Kategorien werden mit Kürzeln bezeichnet (im vorliegenden Fall wiederum mit Buchstaben, ursprünglich aber natürlich mit Lauten), und diese Kürzel können dann zu Formeln verbunden werden. Zwei Beispiele mögen genügen, dies zu veranschaulichen.

1. Beschreibung grammatischer Kategorien am Beispiel der Tempora

Die Kategorie Verbum wird mit dem Kürzel *l* bezeichnet;
die drei Haupttempora (Präsens, Perfekt, Futur) mit dem Kürzel *ṭ*;
die drei Nebentempora (Imperfekt, Aorist, Futur II) mit dem Kürzel *ṇ*;

daraus lassen sich die Einzeltempora formelhaft ableiten, und daher bezeichnet *laṭ* das erste Haupttempus, nämlich das Präsens (*l* für Verbum,[33] *a* für eins, *ṭ* für Haupttempus); *liṭ* beschreibt das zweite Haupttempus, das Perfekt (*l* für Verbum, *i* für zwei, *ṭ* für Haupttempus), und analog steht *laṇ* für das Imperfekt. Das erste Beispiel zeigt den Aufbau eines Formelsystems für grammatische Kategorien, und das zweite führt Vergleichbares für das Lautinventar vor.

2. Beschreibung phonetischer Kategorien für die Flektionsregeln

Die 13 Vokale sind in vier Gruppen unterteilt:
a ā i ī u ū bezeichnet man mit *ṇ*;
ṛ ṝ ḷ mit dem Kürzel *k*;
die zwei Langvokale *e* und *o* mit dem Kürzel *ṅ*;
die beiden Diphtonge *ai* und *au* mit dem Kürzel *c*.

Daher bezeichnet die Formel *ac* alle Vokale, nämlich vom ersten Vokal *a* bis zum Ende der mit *c* bezeichneten

---

33 Genau genommen bezeichnet *l* alle Verbalendungen, und Pāṇini hat nicht Tempora im Blick, sondern Gruppen von Verbalendungen, für die dieselben Regeln gelten.

vierten Gruppe, die Formel *aṇ* hingegen nur die sechs Vokale *a* bis *ū* der ersten Gruppe, nämlich vom ersten Vokal *a* bis zum Ende der mit *ṇ* bezeichneten ersten Gruppe. Die Formel *ādaic* (*ā-d-ai-c*) hingegen macht deutlich, dass eine damit charakterisierte Regel für den Einzelvokal *ā*, als Einzelvokal bezeichnet durch das *d*, sowie für *ai* und *au* gilt, bezeichnet durch *ai* als ersten Vokal der Gruppe und durch das Kürzel *c*, das die Gruppe abschließt. Die in dieser Formel zusammengefassten drei Vokale reagieren analog, beispielsweise bei bestimmten Ablautregeln. Daher muss man eine durch die Formel *ac* gekennzeichnete Regel, die somit für die ersten sechs Vokale gilt, nur einmal und nicht sechsmal formulieren; das ist ganz offensichtlich eine Frage der Ökonomie.

Das hier vorgestellte Formelsystem findet Verwendung in der Grammatik eines Gelehrten, von dem wenigstens der Name bekannt ist, nämlich Pāṇini.[34] Zwar ist seine Grammatik die erste, die uns erhalten ist, aber sie kommt keineswegs aus dem Nichts, sondern baut auf einer langen Reihe von Vorgängerwerken auf, die sie offensichtlich optimiert und dadurch obsolet gemacht hat. Sie beschreibt den Lautstand und die Morphologie des Sanskrit mit knapp 4000 solcher abstrakten Regeln, die nur dann verständlich sind, wenn man die Metasprache kennt. Nach heutiger Vorstellung hat Pāṇini sein Werk im 4. Jh. v. Chr. verfasst,[35] also immer noch mindestens einige Jahrzehnte vor dem Beginn der Schrift. Ist es vorstellbar, ein solches

34 George Cardona: *Pāṇini. A Survey of Research*, The Hague: Mouton 1976 (Trends in linguistics: State-of-the-art report, 6); idem: Recent Research in Pāṇinian Studies, Delhi: Motilal Banarsidass 1999.

35 Beispielsweise Johannes Bronkhorst, der von ca. 350 v. Chr. ausgeht: Advice for Grammarians, *Asiatische Studien* 62.2 (2008), 475-484, bes. 481.

System ohne das Hilfsmittel Schrift zu entwickeln? Und wenn man wenigstens dies für möglich hält, dass nämlich irgendein Genie ein solches System rein gedanklich abzuleiten vermag, ist es dann auch noch vorstellbar, dass dieses System mündlich weitergegeben werden kann, ohne sich spätestens in der zweiten Generation in ein völliges Kauderwelsch zu verwandeln? Diese Fragen irritieren und beschäftigen westliche Wissenschaftler bis heute, und sie sind immer wieder dezidiert verneint worden. So ließ etwa der Bonner Indologe Willibald Kirfel, der 1927 anhand der von ihm studierten Texte zu einem, wie er sagte, „höchst wichtigen Ergebnis kam", keinerlei Zweifel an seiner Schlussfolgerung aufkommen:

> Der Glaube an die ungewöhnlich starke Gedächtniskraft der alten Inder und die durch sie ermöglichte Überlieferung grösserer Textmassen entstammt der Zeit der Romantik und verdient endlich durch eine Hypothese abgelöst zu werden, die den realen Tatsachen mehr entspricht.[36]

36 Falk (wie Anm. 13), 321; zu anderen Versuchen, Schrift schon vor Aśoka nachzuweisen, s. Hinüber (wie Anm. 13), 10 mit Anm. 14; zu einem weiteren Versuch s. Bronkhorst in seiner Rezension von Staal (wie Anm. 22), 305-307, der Staals Vorstellungen von der Mündlichkeit Pāṇinis zumindest in Zweifel zieht und überdies davon auszugehen scheint, dass wenigstens die Padapāṭha-Form des *Ṛgveda* von Anfang an niedergeschrieben worden ist. Da Pāṇini den *Ṛgveda*-Padapāṭha zitiert, müsste die Schrift also schon vor dem 4. Jh. v. Chr. eingeführt worden sein. Eine Verschriftlichung von Werken wie dem *Ṛgveda* oder Pāṇinis Grammatik vor Aśoka erscheint mir jedoch völlig ausgeschlossen, wenn ich mir die Brāhmī von Aśokas Inschriften vor Augen führe. Ihr Zeicheninventar ist begrenzt; es erlaubt die Notation des mittelindischen Laustandes, verfügt aber noch nicht über die Ligaturen, die für eine Aufzeichnung der viel komplexeren Konsonantengruppen des Sanskrit notwendig wären und die erst in den folgenden Jahrhunderten allmählich entwickelt wurden. Vgl. schließlich auch Kenneth Roy Norman:

Angesichts der bereits erwähnten Untersuchungen zum Auswendiglernen muss man sich heute allerdings fragen, woher Kirfels selbstgewisse Ablehnung kam und ob sie nicht doch ein wenig vorbelastet war, und zwar in dem Sinne, dass nicht sein kann, was nicht sein darf: Es darf nicht sein, dass die alten Inder etwas konnten, was die alten Griechen – aus früherer Sicht in Fragen kultureller Errungenschaften oft der Maßstab aller Dinge – in dieser Weise offenbar nicht vermochten. Die Quellenlage legt jedenfalls nahe, dass es in Indien gelungen ist, ein solches Abstraktionsniveau wie das der Grammatik des Pāṇini zu erreichen, ohne dafür vorher die Schrift erfinden zu müssen, und dass es darüber hinaus auch noch gelungen ist, solche extrem komplizierten Texte mündlich weiterzugeben, ohne den Inhalt schon nach wenigen Generationen völlig verstümmelt zu haben.

Die ausschließlich mündliche Überlieferung eines Werkes bringt wenigstens einen Vorteil mit sich: Sie erlaubt eine viel umfassendere Kontrolle darüber, wer an dieser Überlieferung partizipieren darf. Das führt noch einmal zum *Ṛgveda* zurück; von seiner Funktion her ist er ein religiöses Werk, aber die Kenntnis und das Studium dieser Sammlung war mindestens zwei Dritteln der Gesellschaft verwehrt. Frauen waren und sind grundsätzlich von diesem Studium ausgeschlossen, ebenso alle Angehörigen der unteren Kasten. Genau an dieser Stelle rücken religiöse Bewegungen wie der Buddhismus ins Blickfeld, die im 5. oder 4. Jh. v. Chr. in Erscheinung traten. Sie verstanden

---

A Philological Approach to Buddhism. The Bukkyō Dendō Kyōkai Lectures 1994, Lancaster: The Pali Text Society 2006, 102-104, der sich zwar für die Einführung der Schrift deutlich vor Aśoka ausspricht, aber von einem ausschließlich auf Handel und Verwaltung beschränkten Gebrauch ausgeht.

sich offenbar von Anfang an auch als eine Gegenbewegung zu denjenigen religiösen Traditionen, die vom Veda geprägt waren und charakteristische Vorstellungen von sozialer Hierarchie und religiöser Partizipation mitbrachten. Der Buddha wandte sich gegen die entstehende Kastengesellschaft, und er betrachtete seine Lehre als exoterisch: Der Weg zum Nirvana sollte jedermann offen stehen, ohne Ansehen der sozialen Stellung oder des Geschlechts. Weil die Buddhisten ihre Lehre als Gemeingut verstanden, warf die Verwendung von Schrift für sie keinerlei Probleme auf, und es hat fast den Anschein, dass sie sogar die Protagonisten waren, die den entscheidenden Impuls dafür gaben, das neue Medium nicht nur für Verwaltungsangelegenheiten, sondern auch für die Aufzeichnung und Überlieferung von Literatur einzusetzen. Der Buddhismus ist spätestens im 4. Jh. v. Chr. entstanden,[37] und damit sehr wahrscheinlich noch vor der Einführung der Schrift. Offenbar begann auch diese neue Bewegung unverzüglich, eine Fülle von Texten hervorzubringen, die zunächst genauso wie der Veda mündlich überliefert werden mussten. Untersucht man die Texte des älteren Buddhismus nach dem sozialen Hintergrund der Menschen, die den Buddha umgeben, dann fällt auf, dass immer wieder Brahmanen unter seinen Schülern genannt werden.

---

37 Grundlegend zum heutigen Stand der Vorstellungen über die Datierung ist Heinz Bechert (ed.): *The Dating of the Historical Buddha (Symposien zur Buddhismusforschung IV,1-3)*, Bd. 1-3, Göttingen: Vandenhoeck & Ruprecht 1991-1997 (Abhandlungen der Akademie der Wissenschaften in Göttingen, Dritte Folge, 189, 194, 222); zuletzt Oskar von Hinüber mit einer sehr wichtigen Überlegung zu der Säuleninschrift in Deorkothar und mit weiterer aktueller Literatur in Anm. 16: Mitteilungen aus einer vergangenen Welt. Frühe indische Buddhisten und ihre Inschriften, *Zeitschrift der Deutschen Morgenländischen Gesellschaft* 164 (2014), 18f.

Als ehemaligen Angehörigen des für die vedische Überlieferung zuständigen Priesterstandes sind ihnen die dafür entwickelten Techniken mit Sicherheit vertraut gewesen, und sie konnten sie für die Weitergabe der buddhistischen Überlieferung nutzbar machen. Dem Beispiel der Brahmanen folgend bildeten daher auch die buddhistischen Mönche sogenannte Rezitatorenschulen (*bhāṇaka*), in denen die wachsenden buddhistischen Textsammlungen auswendig gelernt und überliefert wurden.[38]

An dieser Stelle ist es sinnvoll, einen Moment innezuhalten und die Entwicklung zu überdenken. Schrift kommt offenbar erst im 3. Jh. v. Chr. in Gebrauch. Zu diesem Zeitpunkt gibt es wenigstens drei große religiöse Bewegungen mit ständig anwachsenden Literaturen, nämlich die brahmanische Religion, an deren Anfang der *Ṛgveda* steht und die später in jene religiösen Strömungen mündet, die unter dem Sammelbegriff Hinduismus zusammengefasst werden; im 3. Jh. blickt sie bereits auf eine mehr als tausendjährige Geschichte zurück, in deren Verlauf sie viele umfangreiche Werke hervorgebracht hat. Ferner gibt es bereits den Buddhismus und schließlich auch noch den Jainismus, eine außerhalb Indiens weniger bekannte Religion, die ungefähr zeitgleich mit dem Buddhismus entstanden und literarisch ebenfalls sehr produk-

38 Norman (wie Anm. 36), 53-74 („Buddhism and Oral Tradition"), bes. 57ff., und 99-121 („Buddhism and Writing"); David Drewes: Dharmabhāṇakas in Early Mahāyāna, *Indo-Iranian Journal* 54 (2011), 331-372, zur Frühzeit bes. 332-335; ferner der Rezensionsartikel von Cristina Scherrer-Schaub, Richard Salomon & Stefan Baums: Buddhist Inscriptions from Termez (Uzbekistan): A New Comprehensive Edition and Study, *Indo-Iranian Journal* 55 (2012), 139-170, bes. 144f., und Peter Skilling: Birchbark, Bodhisatvas, and *Bhāṇakas*: Writing materials in Buddhist North India, *Eurasian Studies* XII/1-2 (2014), 499-521.

tiv geworden ist. Dies umschreibt den „religiösen" Bereich; daneben gibt es „wissenschaftliche" Literatur wie etwa die der Grammatik und der Medizin, Erzählungsliteratur, Epos, kurzum alle möglichen Gattungen und eine große Zahl von Werken, darunter solche, bei denen Kürze nicht gerade das hervorstechende Merkmal ist. Eines der Epen, das *Mahābhārata*, wurde anfangs schon erwähnt; mit seinen rund 100.000 Strophen ist es fast viermal so lang wie *Ilias* und *Odyssee* zusammen.

Fragt man nun, wann diese vielen und teils sehr umfangreichen Werke materiell greifbar werden, mit anderen Worten, ab wann sie durch Handschriften belegt sind, dann erlebt man wiederum eine Überraschung: In Indien setzt die Beleglage nämlich ungemein spät ein. Aufgrund der klimatischen Bedingungen überdauern Handschriften im Allgemeinen nicht sehr lange. Das indische Standardmaterial war Palmblatt, eigentlich ein durchaus durables und widerstandsfähiges Material, das aber den spezifischen Unbilden der Witterung und den diversen zoologischen Einwirkungen ausgesetzt war und das weder gegen Wasser noch gegen Feuer geschützt ist. Die ältesten Exemplare stammen aus den letzten Jahrhunderten des ersten nachchristlichen Jahrtausends. Materiell werden die Texte in Indien selbst also frühestens 1000 Jahre nach Einführung der Schrift greifbar. Das ist ein erschreckend langer Zeitraum, zumindest für den Philologen und natürlich auch für den Historiker. Die konstante Gefährdung der physischen Existenz von Handschriften erklärt übrigens auch, warum so wenig von der Literatur des indischen Buddhismus bewahrt geblieben ist. Nach einer längeren Phase des Niedergangs verschwand der Buddhismus im 13. und 14. Jh. endgültig aus seinem Heimatland, und mit ihm ging der weitaus größte Teil seiner Literatur verloren. Einiges davon ist zumindest in Übersetzungen ins Chinesische und ins Tibetische bewahrt, die im Zuge der Ausbreitung nach Ost- und Zentralasien entstanden, und in den letzten hundert Jahren haben Handschriftenfunde in Regionen mit günstigeren klimatischen Bedingungen vieles Unbekannte und verloren Geglaubte zum Vorschein gebracht.[39] Daher sieht man inzwischen immer deutlicher, dass das, was erhalten geblieben ist, nicht einmal die bekannte Spitze des Eisbergs darstellt. Der Buddhismus hat eine überwältigende Menge von verschrifteter Literatur hervorgebracht, die zu einem großen Teil spurlos verschwunden ist. Ein solcher Verlust tritt in Indien vergleichsweise schnell ein, sobald niemand mehr Sorge trägt, die Manuskripte weiter abzuschreiben; Abschriften wurden wesentlich von Stiftern finanziert, und sobald die Stifter verschwanden, kam die Kopierpraxis zum Stillstand.

Damit ist sozusagen der Boden bereitet für den letzten Abschnitt. Im folgenden wird sich der Blick auf Handschriften richten, und vor dem Hintergrund des bisher Gesagten dürfte besser zu verstehen sein, warum diese Handschriften nicht nur in der Fachwissenschaft, sondern

39 Größere Mengen indisch-buddhistischer Handschriften wurden zu Beginn des 20. Jhs. an der Seidenstraße in Zentralasien entdeckt, dann in den 1930er-Jahren jeweils in Gilgit (Nordpakistan) und in Tibet und schließlich in den 1990er-Jahren in Pakistan und Afghanistan; mit Ausnahme der Handschriften in Tibet handelt es sich überwiegend um Fragmente und nicht selten um einzelne Blätter aus Manuskripten, die ursprünglich mehrere hundert Seiten umfasst hatten. Zu einem aktuellen Überblick über die diversen Funde s. Paul Harrison & Jens-Uwe Hartmann (eds.): *From Birch Bark to Digital Data: Recent Advances in Buddhist Manuscript Research. Papers Presented at the Conference Indic Buddhist Manuscripts: The State of the Field, Stanford, June 15-19, 2009*, Wien: Verlag der ÖAW 2014 (Denkschriften, 460), bes.“Introduction”, vii-xxii.

auch in der interessierten Öffentlichkeit als sensationell angesehen werden. In den letzten zwanzig Jahren kamen völlig unerwartet Manuskripte zum Vorschein, die sich sowohl formal als auch sprachlich von den bisher bekannten Handschriften unterschieden, obwohl die darin enthaltenen Werke ebenfalls buddhistischen Inhalts und indischen Ursprungs waren. Der genaue Fundort und die Fundumstände sind in den meisten Fällen nicht verlässlich rekonstruierbar; daher lässt sich wenig mehr sagen, als dass sie in Afghanistan und Pakistan entdeckt wurden, wo das sehr trockene Klima anders als in Indien ihr Überdauern ermöglicht hat. Man vergisst leicht, dass Pakistan und Afghanistan vor ihrer Islamisierung vorwiegend vom indischen Kulturkreis geprägt waren, und zwar vor allem vom indischen Buddhismus. Mehr als 1000 Jahre lang waren das im Wesentlichen buddhistische Länder, und bis heute sind noch immer an vielen Orten Reste buddhistischer Klöster und Kultstätten erhalten. Zuletzt haben die beiden monumentalen Buddha-Statuen im Tal von Bamiyan – die größere der beiden bemerkenswerte 55 m hoch[40] – jene buddhistische Vergangenheit eindringlich ins Bewusstsein gerufen, als sie im März 2001 von den Taliban gesprengt wurden *(Abb. 2)*.

40 Michael Petzet (ed.): *The Giant Buddhas of Bamiyan: Safeguarding the Remains*, Berlin: Bäßler 2009 (International Council on Monuments and Sites, Monuments and Sites, 19), 18.

Abb. 2 Der große Buddha in Bamiyan [David L. Snellgrove (ed.): *The Image of the Buddha*, Paris-Tokyo 1978, 196, Pl. 146]

Die ersten neuentdeckten Handschriften wurden in London auf dem Markt für antike Bücher verkauft, und sie gelangten dank eines anonymen Mäzens in die British Library. Abweichend vom üblichen indischen Handschriftenformat, den lose aufeinander liegenden Palmblättern, hatten sie die Form von Rollen.[41] Der Fund weckte große Aufmerksamkeit, und wegen des Formats wurde in der englischen Presse rasch der Begriff der „Dead Sea Scrolls of Buddhism" geprägt, der weltweit aufgegriffen wurde und selbst die *New York Times* erreichte. Im Englischen klingt das ungemein griffig; ins Deutsche ist es leider weniger gut übertragbar. Mit den „Dead Sea Scrolls" evozierte man die Schriftrollen aus Qumran, und diese Metapher schien die Bedeutung der neuen Funde treffend zu beschreiben, insbesondere als sich rasch zeigte, dass man es hier mit den bislang ältesten Handschriften des Buddhismus zu tun hatte. In der Tat lädt schon das äußere Erscheinungsbild dazu ein, an die Rollen vom Toten Meer zu denken *(Abb. 3)*.

Aus welcher Zeit stammen diese neuen Handschriften? Zunächst wurden sie aufgrund der Paläographie datiert, und zwar ins 1. bis 3. Jh. n. Chr. Inzwischen liegen aber auch mehrere C14-Datierungen vor, von denen zwei sogar ins 1. Jh. vor unserer Zeitrechnung weisen.[42] Wie schon erwähnt, sind Handschriften in Indien selbst erst ab dem Ende des 1. Jts. in nennenswertem Umfang erhalten, und daher bedeuten die neuen Funde mit Blick auf Indien einen geradezu unglaublichen Zeitsprung von rund 1000 Jahren. Auch wenn man den Blick auf die Überlieferung

41 Zu einem ausgezeichneten Überblick über Entdeckungsgeschichte, Inhalte und Bedeutung der ersten Rollen s. Richard Salomon: *Ancient Buddhist Scrolls from Gandhāra. The British Library Kharoṣṭhī Fragments*, Washington: University of Washington Press 1999.

42 Richard Salomon: Gāndhārī Manuscripts in the British Library, Schøyen and Other Collections, in: *From Birch Bark to Digital Data* (wie Anm. 39), 10, und Harry Falk & Ingo Strauch: The Bajaur and Split Collections of Kharoṣṭhī Manuscripts within the Context of Buddhist Gāndhārī Literature, in: *From Birch Bark to Digital Data* (wie Anm. 39), 54.

buddhistischer Werke in indischen Sprachen außerhalb Indiens richtet, kommt man nunmehr deutlich weiter zurück: Die bislang ältesten Handschriftenfragmente von kanonischen Werken des Buddhismus stammten von der Seidenstraße in Zentralasien, und sie werden ins 4. bis 5. Jh. n. Chr. datiert.[43] Wenn sich die C14-Datierungen als belastbar erweisen, lässt sich die historische Bedeutung der neuen Rollen auf den kurzen Satz verdichten: So nah waren wir dem Buddha noch nie!

Abb. 3 Links die ersten buddhistischen Rollen aus Afghanistan, rechts die „Tempelrolle" vom Toten Meer [Richard Salomon: *Ancient Buddhist Scrolls from Gandhāra. The British Library Kharoṣṭhī Fragments*, Washington 1999, Pl. 1; Yigael Yadin: *Die Tempelrolle: Die verborgene Thora vom Toten Meer*, München 1985, Abb. gegenüber 104]

43 Vgl. Lore Sander: The earliest Sanskrit manuscripts from Central Asia and the Sarvāstivāda mission, in: *Corolla Iranica. Papers in honour of Prof. Dr. David Neil Mackenzie on the occasion of his 65th birthday on April 8th, 1991* (ed. Ronald E. Emmeric & Dieter Weber), Frankfurt etc.: Peter Lang 1991, 133-150, bes. 135 und 141f.

Trifft ferner die Annahme zu, die Schrift sei erst im 3. Jh. v. Chr. geschaffen worden, dann führt die Datierung einzelner Handschriften ins 1. Jh. v. Chr. schon relativ nahe an den Beginn der schriftlichen Überlieferung heran, und vielleicht sogar in die unmittelbare Nachbarschaft, falls man dem Bericht aus einem ganz anderen Bereich der buddhistischen Welt Glauben schenken darf. Die Verfügbarkeit von Schrift muss ja nicht notwendigerweise bedeuten, dass man sie auch gleich dafür einsetzt, literarische Überlieferungen irgendwelcher Art aufzuzeichnen: Gebrauch wird durch Verfügbarkeit ermöglicht, aber nicht erzwungen. Einen weiteren Anhaltspunkt dafür, wann zumindest die Buddhisten damit begonnen haben könnten, ihre Überlieferung niederzuschreiben, bewahrt ein historisches Werk aus Sri Lanka. Dort begannen die Buddhisten sehr früh, historische und quasihistorische Informationen in sogenannten Chroniken festzuhalten. Die älteste Chronik, der *Dīpavaṃsa*, wurde bald nach 350 n. Chr. aufgezeichnet.[44] Sie enthält die Angabe, dass die Mönche in Ceylon den Kanon erstmals im 1. Jh. v. Chr. niedergeschrieben hätten.[45] Allerdings bietet die sehr kurze Passage – es handelt sich um lediglich zwei Strophen – keinerlei Information darüber, in welcher Schrift dies geschehen sei oder wie der Kanon zu jenem Zeitpunkt ausgesehen haben könnte. Erklärter Zweck der Niederschrift

44 Oskar von Hinüber: *A Handbook of Pāli Literature*, Berlin-New York: de Gruyter 1996, 89.

45 Heinz Bechert: The Writing Down of the Tripiṭaka in Pāli, *Wiener Zeitschrift für die Kunde Südasiens* 36 (1992), 45-53; Norman (wie Anm. 36), 99f.; Hinüber (wie Anm. 13), 63f.; zu abweichenden Meinungen, die davon ausgehen, buddhistische Texte seien schon vor dem 1. Jh. v. Chr. niedergeschrieben worden, s. Drewes (wie Anm. 38), 332, Anm. 2.

war es, der Lehre des Buddha einen langen Bestand zu sichern:

> In früherer Zeit hatten weise Mönche den Text der drei Teile des Kanons (*piṭakattayapāli*) und die dazugehörigen Kommentare (*aṭṭhakathā*) mündlich überliefert. Als die Mönche den Niedergang der Menschen (*satta*) sahen, kamen sie zu jener Zeit zusammen und schrieben sie (d.h. die oben genannten Werke) in Büchern nieder, auf dass die Lehre lange Zeit Bestand habe.

So lauten die zwei Strophen. – Das Ereignis wird in die Regierungszeit des Königs Vaṭṭagāmani Abhaya datiert, der von 89 bis 77 v. Chr. in Sri Lanka geherrscht hat. Mit der Herrschaft jenes Königs sind politische Wirren und Naturkatastrophen verbunden, und jüngere Kommentare zu der Textstelle bieten eine interessante Erklärung. Teile der Überlieferung drohten verloren zu gehen, so wird dort erläutert, weil diejenigen Mönche starben, die als Rezitatoren jene Texte auswendig gelernt hatten.[46] Genau da zeigt sich die Achillesferse einer mündlichen Überlieferung; Mündlichkeit erlaubt zwar eine fast perfekte Kontrolle, aber sie ist untrennbar mit der physischen Präsenz ihrer Träger verbunden. An Kontrolle waren die Buddhisten nicht interessiert, sehr wohl jedoch an der Bewahrung ihrer Lehre, und die Einbeziehung eines neuen Mediums zur Sicherung konnte daher nur Gewinn bringen. Möglicherweise wurden gerade deswegen die Buddhisten sogar zu den Modernisierern, die als erste den Medienwechsel vollzogen und den Schritt von der mündlichen zur schriftlichen Überlieferung wagten, damals sicher eine ähnlich dramatische kulturelle Revolu-

46 Vgl. Norman (wie Anm. 36), 99.

tion wie später etwa die Erfindung des Buchdrucks oder heute der Umstieg auf Bits und Bytes.

Der Erhaltungszustand der neu entdeckten Handschriften ist ausgesprochen problematisch, und darin liegt auch einer der Erklärungsgründe, warum sie noch längst nicht vollständig ausgewertet sind, obwohl die ersten Rollen schon vor fast zwanzig Jahren zugänglich wurden.[47] Hinzu kommen große Schwierigkeiten sowohl bei der Entzifferung der Schrift als auch beim Verständnis der Sprache. Die Rollen sind ausschließlich in der bereits erwähnten Kharoṣṭhī geschrieben, jener Schrift, die vom 3. Jh. v. Chr. bis zum 3. Jh. n. Chr. in der Nordwestecke des indischen Subkontinents verwendet wurde. Sie folgt dem Vorbild der aramäischen Schrift, die im Verwaltungsapparat des Achämenidenreiches verwendet wurde, wobei die achämenidischen Schreibmaterialien Papyrus und Leder durch die einheimische Birkenrinde ersetzt wurden.[48] Bislang sind Reste von insgesamt 77 Birkenrindenrollen ganz unterschiedlicher Länge bekannt geworden, die offenbar wenigstens teilweise in Tontöpfe gefüllt, dann verborgen und so für die Nachwelt bewahrt wurden. Es ist vermutet worden, dass es sich hierbei um eine rituelle Bestattung heiliger Schriften handeln könnte,[49] aber dies ist keineswegs gesichert, denn zumindest aus dem frühen Buddhismus ist eine solche Praxis bislang nicht bekannt ge-

---

47 Zu einem Überblick über die Funde, die Region und die Handschriften s. die Beiträge zu dem Themenheft *Akademie Aktuell* 01/2013 der Bayerischen Akademie der Wissenschaften (http://www.badw.de/de/publikationen/akademieAktuell/index.html).

48 Stefan Baums: Die Schriftkultur Gandharas, *Akademie Aktuell* 01/2013 (digital s. Anm. 47), 20-23.

49 Zuletzt Mark Allon: The Senior Kharoṣṭhī Manuscripts, in: *From Birch Bark to Digital Data* (wie Anm. 39), 19-33, bes. 23f.

worden, und in den meisten Fällen ist nichts Näheres über die Fundumstände bekannt *(Abb. 4)*.

Abb. 4 Tonkrug mit Handschriftenrollen [Richard Salomon: *Ancient Buddhist Scrolls from Gandhāra. The British Library Kharoṣṭhī Fragments*, Washington 1999, Pl. 1, 5 und 26]

Gefunden wurden sie in einer Region, die Teile von Afghanistan und vom nördlichen Pakistan einschließt und die man heute gerne als Greater Gandhara bezeichnet. Gandhara war in der Antike der Name für den Raum um die Stadt Peshawar im Nordwesten Pakistans *(Abb. 5)*. Seit der Bekanntschaft mit der buddhistischen Kunst dieser Region dient er in einem erweiterten Verständnis zur Bezeichnung einer relativ einheitlichen Kunstlandschaft, die vom Bamiyan-Tal in Afghanistan bis in den äußersten Nordwesten Indiens reicht.

Der indische Zugang zur Seidenstraße führte durch Gandhara, und der Handel auf dieser internationalen Fernverbindung sorgte schon vor der Zeitenwende und noch viel stärker in den ersten Jahrhunderten danach für einen erheblichen ökonomischen Aufschwung *(Abb. 6)*. Davon profitierten auch die Religionen, und vor allem der

Buddhismus; Klöster entstanden, Schriften wurden verbreitet, und die Kunst erlebte eine nie dagewesene Blüte.

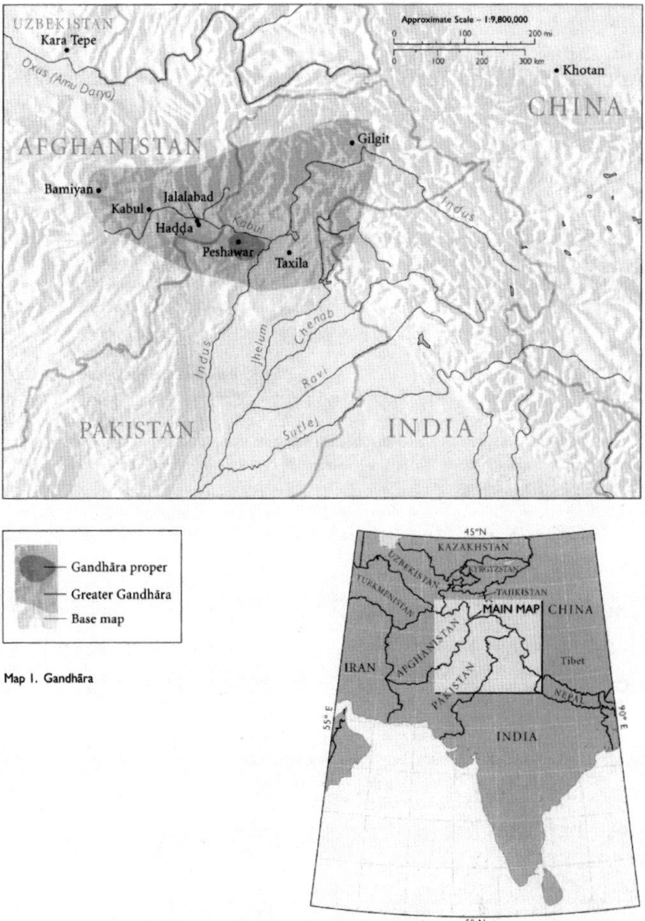

Abb. 5 Karte von Gandhara [Richard Salomon: *Ancient Buddhist Scrolls from Gandhāra. The British Library Kharoṣṭhī Fragments*, Washington 1999, 2, Map 1]

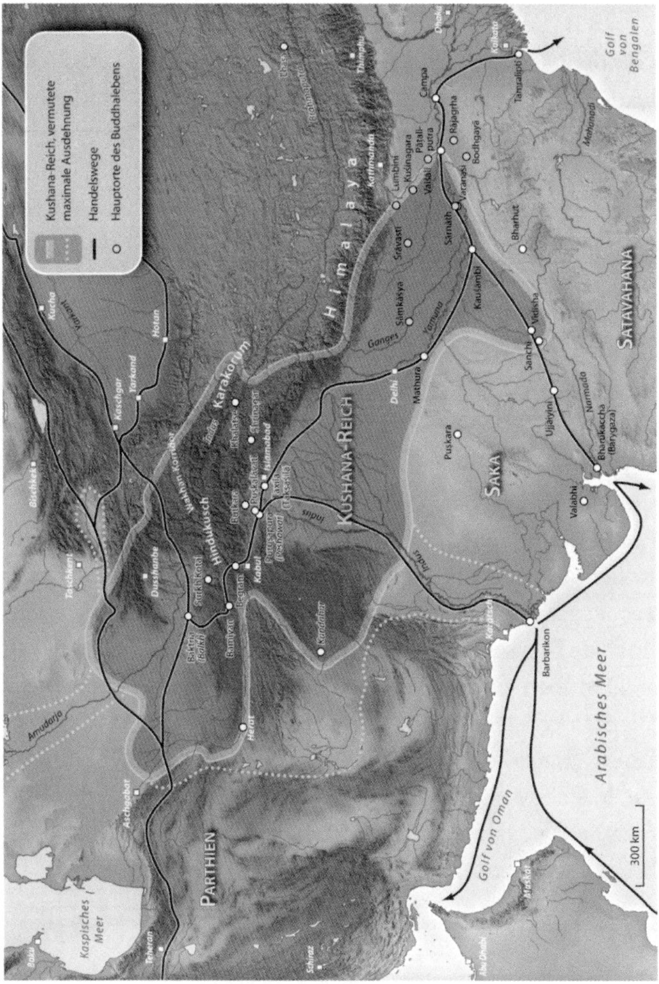

Abb. 6 Karte der Handelswege [*Gandhara. Das buddhistische Erbe Pakistans*, Bonn 2008, 39]

Nach der Region ist auch die Sprache benannt, nämlich Gāndhārī, in der die Manuskripte geschrieben sind;[50] dabei handelt es sich um einen nordwestlichen mittelindischen Dialekt, der noch wenig erforscht ist, denn bislang waren in dieser Sprachform lediglich Inschriften und Münzlegenden erhalten, und man kannte nur eine einzige Handschrift, die das neuerdings als *Khotan-Dharmapada* bezeichnete Werk enthielt.[51] Dahinter verbirgt sich die Gāndhārī-Fassung einer berühmten buddhistischen Verssammlung, die am Ende des 19. Jhs. gänzlich unerwartet in Khotan an der zentralasiatischen Seidenstraße entdeckt worden war. Die Sprache ist nicht normiert und erlaubt eine bemerkenswerte Varianz in der Schreibung; zudem war der Wortschatz bislang noch kaum erschlossen. Verbunden mit dem extrem fragmentarischen Zustand der Rollen und mit der schwierigen Schrift, die als *scriptio continua* keine Wortgrenzen anzeigt, stellt ihre Entzifferung höchste Herausforderungen an die Bearbeiter.

Dennoch sind inzwischen bereits eine ganze Reihe von Werken ediert worden, und man hat versucht, die übrigen Rollen inhaltlich wenigstens so weit zu erschließen, dass sie fundierte Aussagen über die darin enthaltenen Texte erlauben.[52] Daher gewähren sie mittlerweile einen ziemlich breiten Einblick in die Literatur des Buddhismus um die

---

50 Oskar von Hinüber: Ein Dialekt macht Karriere, *Akademie Aktuell* 01/2013 (digital s. Anm. 47), 40-43.

51 Seit John Broughs entscheidender Ausgabe wurde das Werk bis vor kurzem durchgängig als *Gāndhārī-Dharmapada* bezeichnet: *The Gāndhārī Dharmapada*, London: Oxford University Press 1992. Die Auffindung weiterer Fassungen des *Dharmapada* unter den neuen Handschriften hat die Umbenennung erforderlich gemacht, s. Salomon (wie Anm. 42), in: *From Birch Bark to Digital Data* (wie Anm. 39), 1.

52 Falk & Strauch (wie Anm. 42), in: *From Birch Bark to Digital Data* (wie Anm. 39), 51-78, bes. 57ff.

Zeitenwende oder, wenn man sich vor Generalisierungen hüten möchte, in diejenige Literatur, die in jener Zeit zumindest unter den Buddhisten im Nordwesten des Subkontinents im Gebrauch gewesen ist. Natürlich handelt es sich dabei nur um einen Ausschnitt, und es muss offen bleiben, wie repräsentativ dieser Ausschnitt ist, denn jüngere Funde haben Werke zum Vorschein gebracht, deren Existenz nach der Erschließung der ersten Rollen noch niemand erwartet hätte, und daher kann jeder Neufund auch eine neue Überraschung mit sich bringen.

Die Handschriften enthalten jene Gattungen der Literatur des frühen Buddhismus, die man bereits aus deutlich jüngeren Fassungen dieser Literatur kennt, etwa Lehrreden (*sūtra*), in denen der Buddha – oft in Dialogform – seine Erkenntnisse vermittelt. Die neuen Manuskripte bieten nun die bei weitem ältesten Fassungen solcher Lehrreden, und sie zeigen, dass die jüngeren Versionen formal und inhaltlich mehr Ähnlichkeiten aufweisen, als man im ersten Moment vielleicht erwartet hätte. Es lässt sich erkennen, dass die Lehre des Buddha im Wesentlichen bereits dem entspricht, was man aus den bisher zugänglichen jüngeren Quellen kannte, beispielsweise aus dem Pāli-Kanon der Theravāda-Schule, der im 5. Jh. n. Chr. in etwa seinen heutigen Stand erreicht hatte. Ähnliches gilt für die Spruchdichtung, darunter Werke, die man mit dem Begriff Asketenlyrik beschreiben kann, und ähnliches gilt auch für Erläuterungen zu den Worten des Buddha, d.h. Kommentarwerken, in denen die in den Sūtras enthalten Lehren des Buddha systematisiert und erklärt werden. Inzwischen haben sich auch erste Texte aus dem Bereich der Ordensregeln (*vinaya*) für die Mönche und Nonnen gefunden, und diese Texte scheinen allerdings einen Einblick in eine Entwicklungsphase zu geben, die den bisher bekannten Versionen jenes Regelwerks vorangeht.

Daneben dokumentieren die Funde aber auch literarische und dogmatische Weiterentwicklungen, die möglicherweise erst in Gandhara zur Entfaltung gekommen sind, den Buddhismus aber bis zum heutigen Tag mitgeprägt haben. Das ist nicht zuletzt die Herausbildung einer komplexen Scholastik, d.h. von Auslegungsformen der Worte des Buddha, die sich mit den abweichenden Auslegungen anderer auseinandersetzen[53] *(Abb. 7)*.

Abb. 7 Mönche diskutieren unter Benutzung von Handschriften-Rollen [Maurizio Taddei: Addenda to The story of the Buddha and the skull-tapper (AION, 39, 1979, 3), *Annali dell'Istituto Universitario Orientale* 43 (1983), Fig. 3]

53 Collett Cox: Gāndhārī Kharoṣṭhī Manuscripts: Exegetical Texts, in: *From Birch Bark to Digital Data* (wie Anm. 39), 35-49, bes. 47ff.

Vor allem aber zeigen die Funde – und das ist gewiss ihre größte Überraschung –, dass eine fundamentale ideengeschichtliche Neuerungsbewegung bereits in Gang gekommen war, über deren Entstehungszeit und Entstehungsort in der Vergangenheit endlos spekuliert worden ist, nämlich das Mahāyāna, der Buddhismus des Großen Fahrzeugs. Das Mahāyāna führte zu zahlreichen tiefgreifenden Veränderungen in der Lehre; es ersetzte beispielsweise die Idealgestalt des Mönches, der außerhalb der Gesellschaft steht und den für andere kaum gangbaren Weg zum Heil verfolgt, durch das Ideal einer neuen Heilspersönlichkeit, die auch innerhalb der Gesellschaft leben kann und sich darum bemüht, den Weg zur Erlösung für alle zugänglich zu machen. Diese Richtung wurde in der Folgezeit im jüngeren indischen Buddhismus bestimmend, und sie prägte dann vor allem diejenigen Formen der Lehre des Buddha, die nach Ost- und Zentralasien verbreitet wurden. Die Funde enthalten Frühfassungen von Mahāyāna-Schriften, die bereits bekannt waren, aber auch solche, die man bislang nicht kannte, und diese Entdeckungen werden es tatsächlich erfordern, die Geschichte des Mahāyāna neu zu schreiben.[54] Dies führt nochmals auf die Metapher der „Dead Sea Scrolls of Buddhism“ zurück. Die Geschichte des frühen Buddhismus wird durch die neuen Rollen aus Pakistan und Afghanistan lediglich zu modifizieren sein, aber für das Verständnis des Mahāyāna könnten sie eine ähnliche Bedeutung ge-

54 Inzwischen sind bereits acht Lehrreden des Mahāyāna nachgewiesen, s. Harrison & Hartmann (wie Anm. 39), xvi, Anm. 19; zu einem bislang unbekannten und besonders interessanten Werk s. Ingo Strauch: More Missing Pieces of Early Pure Land Buddhism: New Evidence for Akṣobhya and Abhirati in an Early Mahayana Sutra from Gandhāra, *The Eastern Buddhist* 41 (2010), 23-66.

winnen wie die Rollen vom Toten Meer für die biblische Tradition.

Mittlerweile werden die Handschriften weltweit in mehreren großen Projekten erschlossen, darunter in einem, das an der Bayerischen Akademie der Wissenschaften angesiedelt ist.[55] Die Bearbeitung erfolgt in mehreren Schritten, und sie beginnt mit der Konservierung und Restaurierung.[56] Zum Zeitpunkt ihres Fundes sind die Handschriften weit davon entfernt, lesbar zu sein, zum einen, weil sie aufgerollt aufbewahrt wurden, und zum anderen, weil die Birkenrinde über die Jahrhunderte hinweg ausgetrocknet und daher brüchig geworden ist; sie droht bei der kleinsten Berührung zu zersplittern, und daher ist bei der Wiederherstellung höchste Vorsicht geboten *(Abb. 8)*.

Abb. 8 Eine fragile Rolle vor Beginn der Konservierung [© British Library, nach Andrea Schlosser: Vom Fund zur Edition, *Akademie Aktuell* 01/2013, 48, Abb. 1]

---

55 Buddhistische Handschriften aus Gandhāra: religiöse Literatur an der Schnittstelle von Indien, Zentralasien und China (http://www.gandhara.indologie.uni-muenchen.de/index.html).

56 Zur Bearbeitung der Fragmente s. Andrea Schlosser: Vom Fund zur Edition, *Akademie Aktuell* 01/2013 (digital s. Anm. 47), 48-53.

Ohnedies sind die meisten Rollen bereits beschädigt, weil Bergung und Transport durch Einheimische erfolgte, die bestenfalls den ökonomischen Wert im Auge hatten. Ein Restaurator fügt den Birkenrinden zunächst langsam und über mehrere Tage hinweg Feuchtigkeit zu, so dass das Material wieder flexibel wird. Manche Handschriften sind nicht nur aufgerollt, sondern zusätzlich auch noch gefaltet, weshalb sie erst aufgeklappt werden müssen, bevor man sie schrittweise entrollt. Anschließend werden die Fragmente zwischen zwei Glasplatten konserviert, und von diesen Platten werden digitale Bilder angefertigt, die als Grundlage für die gesamte weitere Bearbeitung dienen. Erst an dieser Stelle kommt der Fachwissenschaftler zum Einsatz. In einem Bildbearbeitungsprogramm stellt er alle Fragmente einzeln frei und speichert sie auf unterschiedlichen Ebenen, so dass sie separat bewegt werden können. Jedes Fragment wird mit einem eindeutigen Buchstaben markiert *(Abb. 9)*, und dann werden die Fragmente digital soweit als möglich an ihren ursprünglichen Platz innerhalb der Rolle verschoben, wobei man sich an der Form der Bruchstücke, am Schriftverlauf oder auch an der Struktur der Birkenrinde zu orientieren sucht.

Wenn der Inhalt es erlaubt, können durch textinterne Parallelen sogar fehlende Schriftzeichen digital ergänzt werden, so dass man einen besseren Eindruck davon gewinnt, wie die Rolle einst ausgesehen haben könnte *(Abb. 10)*. Hilfreich ist dabei, dass manche buddhistischen Texte recht formelhaft sind und zahlreiche Wiederholungen aufweisen, ein Phänomen, das seinen Ursprung in der vorangegangenen mündlichen Überlieferung hat. Sind die Fragmente einer Rolle einigermaßen befriedigend angeordnet, folgt eine Transliteration in lateinische Buchstaben, und die bildet den ersten Schritt zur Edition, d.h. zu einer kritischen Textausgabe mit Rekonstruktion, und schließlich zu einer Übersetzung, die das Werk auch Wissenschaftlern aus anderen Fächern zugänglich macht.

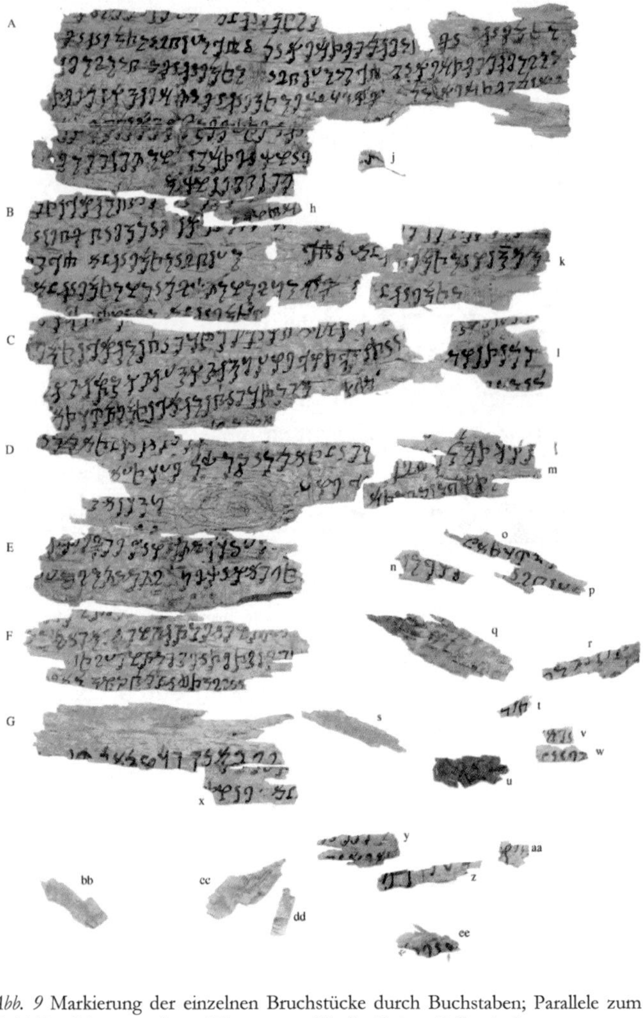

Abb. 9 Markierung der einzelnen Bruchstücke durch Buchstaben; Parallele zum *Dakkhiṇāvibhaṅgasutta* bzw. **Gautamīsūtra* [Berlin, Bajaur Collection]

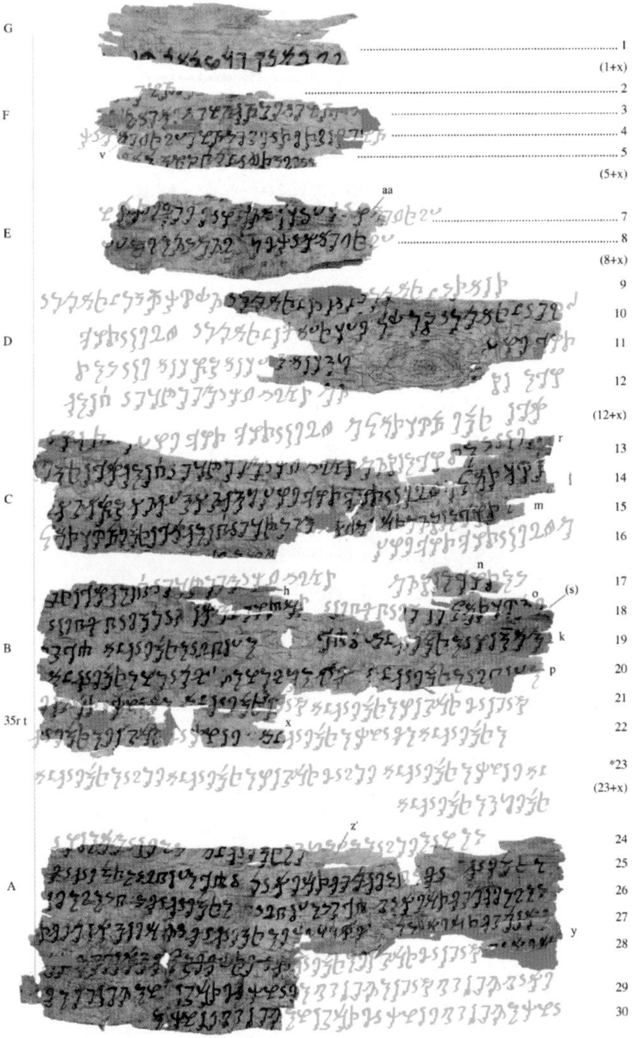

Abb. 10 Verschiebung der einzelnen Bruchstücke an ihren ursprünglichen Platz in der Rolle und digitale Ergänzung von verlorenem Text; Parallele zum *Dakkhiṇāvibhaṅgasutta* bzw. **Gautamīsūtra* [Berlin, Bajaur Collection]

Spätestens um die Zeitenwende haben die indischen Nachfolger des Buddha also den Übergang von der Mündlichkeit zur Schriftlichkeit vollzogen. Obschon dieser Wechsel nicht kategorisch war und die mündliche Überlieferung weiterhin gepflegt wurde,[57] erwies sich das neue Medium als so erfolgreich, dass eine Zeit ohne Schrift bald nicht mehr recht vorstellbar war. Daher musste auch die Vita des Stifters rückwirkend angepasst werden, und in jüngeren, d.h. aus nachchristlicher Zeit stammenden, hagiographischen Werken erfährt man, dass der Buddha nicht weniger als 64 Schriften erlernt hat, selbstverständlich mühelos.[58] Zu diesen Schriften zählt auch die Kharoṣṭhī, und ein bekanntes Steinrelief aus Gandhara, also aus derselben Region und derselben Zeit, aus der auch die Rollen stammen, hält diese Szene aus dem „Schulleben" des Buddha fest *(Abb. 11)*.

Die mittlere Figur stellt den Buddha dar, gekennzeichnet durch den Heiligenschein, und links von ihm sitzt der Lehrer; beide schreiben auf einer Art Tafel. Rechts steht ein Diener, eventuell mit einem Tintenfass. Dahinter steht ein weiterer Diener, der ebenfalls eine Tafel in der Hand hält, und es lohnt sich, diese Tafel genauer zu betrachten. Wenn man sie nämlich dreht und die Linien farbig markiert, dann zeigt sich, dass der Bildhauer hier die ersten Buchstaben des Kharoṣṭhī-Alphabets eingemeißelt hat. Dass der Buddha aller Wahrscheinlichkeit nach in einer schriftlosen Zeit geboren war, wusste man schon nicht mehr, und es war bereits selbstverständlich geworden, dass der Erwachte – mindestens in dieser Hinsicht uns

57 Zur fortbestehenden mündlichen Überlieferung unter den Buddhisten an der Seidenstraße s. beispielsweise Sander (wie Anm. 43), 141f.

58 Vgl. Hinüber (wie Anm. 13), 71f.; die Zahl 64 ist im Alten Indien hochgradig positiv besetzt.

erfrischend ähnlich – Lesen und Schreiben gelernt haben musste.

Abb. 11 Der Buddha lernt schreiben; rechts oben die umgedrehte Schreibtafel des dahinterstehenden Dieners (Ausschnitt) [*Gandharan Buddhist Sculpture and the Peoples of the Silk Road: The Hirayama Ikuo Collection*, ed. by The Institute of Silk Road Studies, Katsumi Tanabe, Asahi Shimbun 2003, 41, cat. no. 61]